COMMENT INNOVER
EN ÉQUIPE ?

— Astuces pour un brainstorming fructueux

par Nicolas Zinque

50MINUTES

COMMENT INNOVER EN ÉQUIPE ?

- **Problématique ?** Comment mettre en place un brainstorming productif afin d'aboutir à des décisions concrètes et originales ?
- **Utilité ?** Innover en groupe et trouver des solutions créatives à des problèmes rencontrés en entreprise ou à des besoins d'évolution.
- **Contexte professionnel ?** Tout type de travail collectif.
- **FAQ**
  - Puis-je organiser un brainstorming sans animateur ?
  - Puis-je participer au brainstorming alors que je suis animateur ?
  - Quelle est la durée idéale pour une réunion de brainstorming ?
  - Quel est le nombre de participants idéal ?
  - Puis-je faire un brainstorming à distance ?
  - Que faire si personne n'alimente la discussion ?
  - Est-il possible de surmonter des conflits personnels avec le brainstorming ?
  - Le brainstorming est-il adapté à toutes les situations ?
  - Vaut-il mieux réfléchir seul ou en équipe ?

Puisque dans le cadre professionnel, la compétition et la concurrence sont rudes et sans pitié, il faut pouvoir s'adapter à tous moments aux demandes des clients. Bien plus, il est nécessaire – voire vital – pour les entreprises d'innover. Ces transformations peuvent passer par une réorganisation interne, la création de nouveaux produits, investir dans une nouvelle niche, etc.

Avant de se lancer dans ce type de dynamique, il est important de marquer un temps de réflexion pour définir les objectifs et se donner les moyens pour trouver des solutions créatives et innovantes. Et quoi de mieux que de faire participer les employés dans cette recherche ? En effet, le travail en équipe est une force autant qu'une nécessité : une organisation ne peut reposer sur la créativité d'une seule personne, si elle souhaite progresser. Mais comment utiliser au mieux les ressources créatives de son équipe et aboutir à des avancées à la fois novatrices et concrètes ?

Nombreux sont ceux qui ont recours au brainstorming : tout le monde connaît cette méthode... ou, du moins, pense la connaître ! Elle est souvent synonyme de « foire aux idées », durant laquelle les participants s'amusent beaucoup. Cependant, au moment d'en tirer des conclusions, le groupe se retrouve souvent démuni face au tri à effectuer parmi toutes les idées énoncées. Les heures passent, et aucune décision concrète n'est prise ! La déception et la démotivation s'installent, les participants ayant l'impression d'avoir réfléchi pour rien. Peut-être avez-vous connu cette situation délicate ?

La méthode a pourtant fait ses preuves. Maîtrisée, elle permet d'exploiter la créativité de tout un groupe et devient un outil puissant au service de votre entreprise. Car, malgré son image de réunion détendue, cette méthode requiert en effet une grande rigueur dans sa préparation et sa gestion. Paradoxalement, c'est en posant un cadre précis que vous stimulerez le plus votre équipe... et dans la bonne direction !

> « Le brainstorming est identifié comme un moment de plus grande liberté, alors que, le reste du temps, notre quotidien se partage entre le suivi des guidelines et l'exécution du plan. Il est aussi le moment qui permet de bien aligner les pensées des divers acteurs afin de permettre à chacun de faire sienne la stratégie globale de l'entreprise. » (Pascal, gestionnaire d'une équipe de maintenance informatique pour une société d'assurance mutualiste).

B.A.-BA DU BRAINSTORMING ORGANISÉ

Dès son origine dans les années quarante, le brainstorming (« remue-méninges » en français) a produit des résultats concluants. Son fondateur, Alex Osborn (1888-1966), dirigeant d'une grande agence de publicité américaine, met au point la méthode de réunion. Il cherche, se faisant, à répondre aux exigences de ses clients en quête d'idées créatives pour leurs campagnes publicitaires. Depuis, elle a évolué et, preuve de son efficacité, a été adoptée par nombres de sociétés.

Le brainstorming part de deux postulats :

- chacun de nous est doté d'une certaine créativité et peut être source d'idées nouvelles ;
- nous avons tendance à ne pas exprimer ces idées, par conformisme social, mais aussi parce que notre côté rationnel reprend souvent rapidement le dessus. Il faut, dès lors, tout mettre en œuvre pour contrer cette double influence qui les déforme.

Logiquement, le brainstorming repose également sur un double mouvement. Dans un premier temps, la récolte d'idées « pures », qui fait appel à la créativité, et dans un second temps, le traitement rationnel de ces idées, qui repose sur l'analyse. Ceci est le fondement du brainstorming, ayez-le en tête à chaque moment !

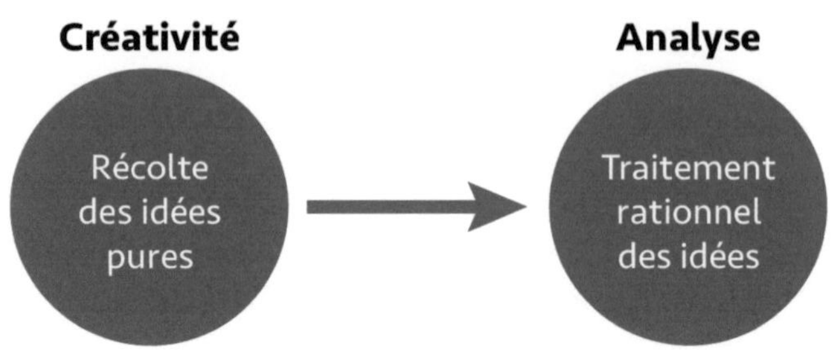

L'ANIMATEUR, ARTISAN DE LA RÉUSSITE

Essentiel et pourtant souvent négligé, l'animateur est chargé de la préparation du brainstorming, de son bon déroulement et de l'obtention d'un résultat final. Il n'intervient pas sur le fond, mais sur la forme : il n'est donc pas à proprement parler un participant, dans le sens où il ne propose pas d'idées. Cette neutralité est recommandée : si vous souhaitez occuper ce poste vous-même, cela implique votre retrait de la discussion.

Pendant la réunion, ses missions principales sont de :

- veiller à ce que l'objectif et les enjeux du brainstorming soient bien compris par les participants ;
- stimuler la créativité à l'aide de différentes techniques et faire en sorte que chacun s'exprime ;
- remettre le groupe sur les rails s'il perd de vue l'objectif et gérer les éventuels conflits ;
- superviser la phase d'analyse et faire en sorte que le groupe sélectionne les solutions les plus adéquates pour atteindre l'objectif fixé ;
- faire respecter le timing imparti à la réunion.

Les qualités les plus importantes de l'animateur sont l'observation et l'écoute. Il doit être capable de mettre le groupe à l'aise, tout en se faisant respecter. Ce rôle peut sembler difficile de prime abord, mais il s'apprend.

PRÉPARER SA RÉUNION

Établir son objectif

À l'origine d'un brainstorming se trouve un objectif à atteindre : cela peut être la conception d'un nouveau produit, la création d'une nouvelle charte graphique qui reflète les valeurs de l'entreprise, l'optimisation de la production, etc. Si vous travaillez pour un client, celui-ci établit généralement lui-même l'objectif. Votre mission consiste alors à lui proposer des solutions adéquates. C'est en fonction de ce but à atteindre que vous devez préparer la réunion et que vous définissez les méthodes de travail à utiliser.

Paradoxalement, plus vous serez précis dans l'énoncé, plus vous obligerez votre équipe à faire preuve de créativité pour surmonter les contraintes. Par exemple, comment convaincre les 20-25 ans d'acheter une gamme de produits ? Comment implanter tel produit dans la région Sud ?

Constituer le groupe

L'autre pilier du brainstorming est le groupe lui-même. Une erreur courante est de faire appel à du personnel issu d'un unique département de l'entreprise. Au contraire, cherchez à varier les profils.

Pour une innovation technique, vous pouvez regrouper des designers, des ingénieurs, des représentants commerciaux, des comptables, etc. Pour reprendre l'exemple concernant les 20-25 ans, intégrez dans votre équipe des personnes de cette tranche d'âge. Dans certaines circonstances, vous n'aurez pas le choix : le groupe sera imposé par le client ou par le contexte de l'entreprise (exemple d'une PME comptant peu d'employés).

Convoquer le groupe

Il est maintenant temps de convoquer le groupe. Les participants doivent recevoir les informations pratiques et surtout, connaître la thématique de la réunion. Si possible, rencontrez-les individuellement pour nouer un premier lien, sinon invitez-les par mails ou téléphone. Dans tous les cas, envoyez un courriel récapitulatif et un rappel la veille. Cette première approche est l'occasion d'inviter votre groupe à entamer une réflexion en amont et à se documenter. N'exigez, cependant, pas une trop grande préparation pour ne pas altérer la spontanéité des idées.

Un local adapté

Tout comme une chenille ne peut devenir papillon si elle ne s'entoure pas d'un cocon protecteur, une bonne dynamique de groupe ne peut être lancée si toutes les conditions ne sont pas réunies.

Le brainstorming sera plus productif dans une pièce calme, dont la taille est adaptée à celle du groupe : suffisamment grande pour que chacun soit installé confortablement, mais pas trop, afin d'éviter l'impression de vide. Le confort doit être optimum : radiateur en hiver, climatiseur en été, si possible, des toilettes à proximité. N'oubliez pas le plus important : le café et autre collation ! À ce propos, il semblerait que l'eau hydrate le cerveau et stimule l'esprit.

Une fois le choix du local arrêté, pensez à disposer correctement les tables et les chaises. Ce n'est pas une coquetterie : certaines dispositions favorisent la participation du groupe, tandis que d'autres sont propices à une séance d'information passive. Pour susciter le dialogue, deux options sont privilégiées :

La dispostion en U	La dispostion en cercle
Les tables sont placées en U, et l'animateur se place au centre.	L'animateur peut faire partie du cercle ou se tenir à l'écart.
Avantage : le support utilisé (tableau ou projecteur) est visible par tout le monde, ce qui facilite les transferts d'idées.	**Avantage :** l'absence d'angle mort permet à tous les participants de se voir, ce qui en fait la solution idéale pour installer une véritable dynamique de groupe.
Inconvénient : cette disposition incite à échanger davantage avec l'animateur plutôt qu'avec les autres membres du groupe.	**Inconvénient :** le support utilisé est forcément dans le dos de l'un des participants, ce qui est inconfortable. Néanmoins, cette position peut être dévolue à l'animateur et à son assistant.

Astuce

Face à l'inconnu, le premier réflexe est généralement de rester avec les personnes que l'on connaît. N'hésitez pas à casser les couples d'amis et à mélanger les personnes de profils différents. Du point de vue créatif vous les confronterez ainsi à d'autres manières de penser, à d'autres savoirs et compétences, et vous favoriserez l'émergence d'idées nouvelles. Du point de vue relationnel, vous faciliterez la rencontre entre les employés de l'entreprise. Pour ce faire, attribuez les places à l'avance, en disposant des étiquettes à leur nom sur les chaises.

Le matériel de travail

Durant la réunion, toutes les idées émises doivent être notées. Afin que le groupe puisse rebondir sur les propositions des autres, il est important qu'elles soient visibles en permanence sur un support. Celui-ci peut être électronique, un projecteur relié à un PC par exemple, ou physique, comme un tableau ou un mur vierge, si vous optez pour la technique des Post-its®.

ENCADRER UN BRAINSTORMING : LA COLLECTE DES IDÉES

C'est durant cette phase que les participants s'amusent… trop, parfois ! Il faut donc canaliser leur énergie pour les emmener dans la bonne direction. Si vous êtes bien préparé, cette étape consiste principalement à gérer le groupe. D'un point de vue pratique, l'introduction et la collecte d'idées ne doivent pas occuper plus de la moitié de la réunion afin de laisser du temps pour l'analyse et la prise de décision.

Les règles du brainstorming

Le brainstorming est régi par quatre principes :

- suspendre tout jugement de valeur envers soi-même et envers les autres. Toutes les idées, y compris les plus folles, doivent être énoncées sans crainte. Le maître mot est la spontanéité ; or cette dernière ne peut se révéler que si chaque participant a le sentiment de pouvoir parler librement ;
- laisser libre cours à son imagination sans s'imposer de contraintes ;
- proposer le plus d'idées possible. Peu importe leur forme ou leur contenu. L'accent est mis sur la quantité, pas nécessairement sur l'originalité ;
- rebondir sur les suggestions des autres pour les combiner et les améliorer.

Mémorisez ces règles qui constituent l'essence même du brainstorming et apprenez-les aux participants. Pour y parvenir, n'hésitez pas à les placarder sur les murs de la salle de réunion en les résumant comme sur le tableau ci-dessous.

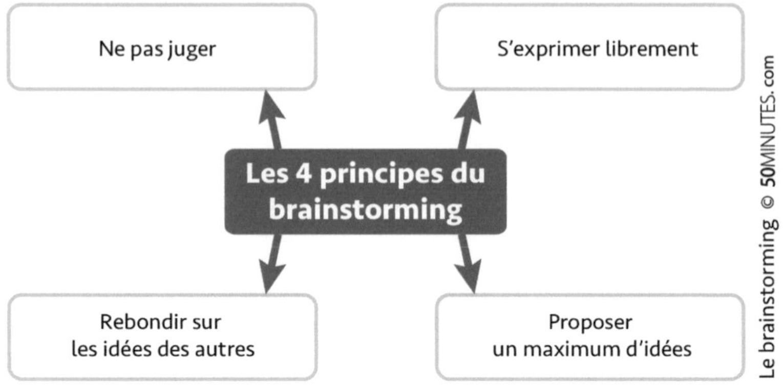

Introduction – Prendre un bon départ

Vous avez accueilli chaleureusement les participants, et vous les avez placés dans la salle. À présent, il est temps de leur présenter les règles du jeu et d'obtenir leur accord. Les participants se fient à l'animateur pour le choix des méthodes créatives, mais celui-ci doit s'assurer que le déroulement convienne à chacun. Pour travailler sur une bonne base et/ou pour éviter tout quiproquo, il vaut mieux prendre quelques minutes pour revoir son plan que d'être coupé en plein élan. L'animateur doit également faire valider oralement les règles de fonctionnement interne du groupe (heure de la pause, possibilité de se lever pendant la réunion pour prendre du café, etc.).

Dans votre introduction, vous exposez :

- **l'objectif à atteindre.** L'énoncer ne suffit pas, aussi faut-il s'assurer que le groupe l'ait bien compris et qu'il ait un « référent commun ». Ce concept signifie que les participants doivent avoir la même définition du problème. Pour cela, ils adoptent un vocabulaire commun. Par exemple, si vous voulez trouver des solutions pour toucher les 20-25 ans qui fument « beaucoup », il faut d'abord définir précisément ce que « beaucoup » signifie pour le groupe. En effet, un tour de table vous révélera que cette notion est interprétée de bien des manières : pour certains, cela signifie fumer trois ou quatre cigarettes par jour, pour d'autres un paquet. Si vous ne vous accordez pas ensemble sur un seuil commun, votre brainstorming est voué à l'échec ;

- **le déroulement de la réunion,** autrement dit le timing à respecter pour chaque étape, le nombre, la durée et l'heure des pauses, etc. ;
- **les méthodes qui seront employées**.

Briser la glace

Après l'introduction, il est parfois nécessaire de briser la glace, lorsque les membres du groupe ne se connaissent pas. L'objectif est de mettre à l'aise les participants pour qu'ils puissent plus facilement s'exprimer. C'est en quelque sorte le tour de chauffe.

QUELQUES EXERCICES

- Pour que le groupe apprenne à se connaître : l'exercice se fait par deux, les participants se présentent à leur binôme, puis chacun présente l'autre au groupe.
- Pour forger un esprit d'équipe : les petites épreuves physiques fonctionnent très bien. En cercle, les participants doivent se passer une balle et faire le tour du groupe le plus vite possible avant de revenir à leur place. Recommencez plusieurs fois pour améliorer la performance et développer une cohésion.
- Pour introduire la réflexion : organisez les participants en sous-groupes de trois, et proposez-leur de trouver un petit scénario pour résoudre un problème (lié à la réunion). Chaque groupe présente ensuite son travail. Comptez une dizaine de minutes pour cet exercice.

La méthode de travail

Avant de commencer la séance à proprement parler, laissez un temps de réflexion individuel pour que chacun s'imprègne du sujet et prépare ses premières interventions. La méthode utilisée durant la réunion est définie par l'animateur au cours de la préparation du brainstorming, car elle tient compte de la manière dont vous allez faire jaillir les idées. Chaque situation ayant ses spécificités, il est important d'établir un dialogue avec le client ou le commanditaire de la réunion, afin de s'adapter à la composition du groupe et à sa culture d'entreprise..

La technique la plus évidente est de laisser les membres du groupe s'exprimer quand ils le souhaitent. C'est la méthode dite de « l'expression spontanée ». Elle offre l'avantage, comme son nom l'indique, de favoriser la spontanéité et la libre circulation de la parole. Par contre, ce procédé est inadapté pour des participants de nature réservée.

Un autre procédé très utilisé est celui du « tour de table ». L'animateur donne la parole à chaque participant, à tour de rôle. Leur intervention peut contenir une ou plusieurs idées. Cette méthode empêche l'émergence d'un leader et favorise l'écoute de chacun. Le revers de la médaille est qu'elle entrave la spontanéité, et le rebond sur les idées des autres pourtant essentiels au brainstorming. Pour atténuer ce problème, faites suivre le tour de table de la technique de l'expression spontanée.

Il existe des techniques plus complexes et/ou originales. Vous en découvrirez quelques-unes dans la section « À vous de jouer ! ».

ASTUCE

Dans une réunion de plus de deux heures, changez de méthode à mi-parcours. Vous éviterez ainsi que le groupe ne tombe dans une routine créative. Vous pouvez aussi alterner entre méthode orale et écrite pour obtenir des idées variées et donner à chacun la possibilité de s'exprimer.

Favoriser la participation de tous les membres du groupe

Le danger majeur du brainstorming est l'émergence de leaders qui écrasent les participants les moins expansifs. Il faut donc être attentif à la dynamique de groupe et aller à la rencontre des individus. Certaines méthodes de travail, comme l'expression spontanée, nécessitent des interventions plus régulières de la part de chaque participant, tandis qu'une méthode comme le tour de table distribue naturellement le temps de parole. La méthode des Post-it® facilite l'expression orale. En ce qui concerne la mise en confiance des participants, le plus délicat est de les encourager sans les braquer.

> « Certains ne se sentent pas en droit de prendre la parole ou pensent n'avoir rien à dire. C'est bien sûr une erreur, il faut donc penser à bien les solliciter. Personnellement, je joue sur leurs compétences reconnues pour les amener à commenter un point sur lequel ils se sentent initialement moins à l'aise. » (Suite du témoignage de Pascal)

Si vous avez peur de participer lors un brainstorming, sachez que :

- la peur d'être jugé(e) est certainement la cause principale de l'inhibition. Or, souvenez-vous qu'Alex Osborn a créé le brainstorming précisément pour empêcher tout jugement. Forcez-vous à considérer la réunion comme un havre de paix dans lequel vous ne risquez rien ;

- exprimer vos idées est le meilleur moyen pour vous montrer sous un nouveau jour et vous découvrir des affinités avec d'autres collègues. Plus vous partagerez, plus vous apprécierez la réunion ;
- ne voyez pas le brainstorming comme une compétition, mais comme la réalisation d'une œuvre collective. L'objectif n'est pas de choisir l'idée de quelqu'un, mais de bâtir le meilleur projet possible grâce à la créativité collective. Pour cela, soyez à l'écoute des autres participants.

TRAITER LES DONNÉES EFFICACEMENT POUR OBTENIR UNE SOLUTION CONCRÈTE

Après cette intense session de créativité, il faut laisser place à la rationalité. Bien que la phase d'analyse permette de déterminer le succès de votre collecte d'idées, elle est pourtant souvent délaissée. À quoi bon avoir des centaines d'idées si aucune ne se concrétise ? Consacrez-y la moitié de la réunion, pas moins !

De la critique (ici entendue dans un sens positif et constructif) des idées émises durant la réunion émerge une série de critères de sélection pour développer une méthode de validation. Comme lors de votre introduction générale, exposez votre mode de fonctionnement et soumettez-le à l'accord du groupe. Cette phase risque de provoquer des discussions et, peut-être même, des tensions. C'est une autre facette de la gestion de groupe avec laquelle l'animateur doit pouvoir composer.

Les critères de validation des idées

Déterminer des critères de sélection permet de légitimer le choix de l'idée retenue. À nouveau, il s'agit de trouver un « référent commun » pour comparer équitablement les idées. Dans la pratique, les critères ne sont pas forcément définis par l'équipe, car le client fixe souvent lui-même ses exigences.

Pour établir ces critères, il faut revenir à la question initiale. La première étape consiste à retirer les propositions clairement hors sujets par rapport à cette question.

Dans un second temps, il s'agit de définir des critères spécifiques à votre sujet, qui permettent de différencier les propositions. Déterminez également ceux qui ont le plus de poids.

Dans notre exemple « comment convaincre les 20-25 ans d'acheter une gamme de produits ? », l'efficacité de la solution dépend des critères comme l'originalité (cette solution a-t-elle déjà été mise en place par une entreprise concurrence ?), le cycle de vie de ce public (il s'agit souvent d'étudiants, dont l'année est marquée par des examens en décembre-janvier, mai-juin et août, des jobs alimentaires en été, etc.) et les lieux fréquentés (les cercles étudiants, les sites et forums pour jeunes, etc.), la capacité à agir sur le long terme ou, au contraire, à faire le buzz en surfant sur l'actualité, etc.

Enfin, ajoutons à cela les critères de faisabilité : demandez aux différents corps de métier d'éliminer les solutions qu'ils jugent irréalisables dans leur domaine de compétences. Par exemple : irréaliste du point de vue physique, informatique, etc. Il va de soi qu'à qualité égale, les solutions les moins onéreuses et les plus faciles à mettre en œuvre l'emporteront. C'est ce que l'on appelle des critères de profitabilité.

La méthode de sélection

Une fois les critères de sélection repérés, il ne reste plus qu'à les appliquer aux propositions émises. Mais comment s'y prendre ? Deux méthodes sont envisageables :

- **le vote :** chaque idée, est soumise à un vote, en fonction des critères établis. Le comptage des points définit une hiérarchie de solutions ;
- **le consensus :** les participants discutent et s'accordent sur les solutions choisies. Cette méthode prend plus de temps, mais a pour avantage d'être moins mécanique que le vote. De plus, elle favorise l'adhésion du groupe au résultat.

L'application des idées retenues

L'idée qui a obtenu le plus de votes ou sur laquelle le consensus s'est porté doit à présent être concrétisée. La décision n'est donc pas un point final, mais un autre point de départ : celui de l'application de la solution. Il faut à présent : déterminer les nouveaux objectifs, lister les tâches à réaliser, nommer les responsables et constituer l'équipe, fixer l'échéancier et définir le budget. En réalité, ce n'est que lors de l'évaluation du projet, autrement dit après l'intégration effective des nouvelles *guide-lines*, que l'aventure entamée avec votre brainstorming trouvera son dénouement.

Dès que l'atelier est terminé, n'oubliez pas de confier le suivi des idées émises à un responsable (le chef de projet par exemple). Il devra faire un feedback à tous les participants de la réunion dans les semaines et mois qui suivent. Même si certains membres du groupe ne sont pas impliqués dans les étapes ultérieures, ils méritent tous d'être informés du succès de leur projet.

> ### POUR BIEN CLORE UNE RÉUNION
>
> Remerciez les participants dans leur ensemble. Attribuez la réussite du brainstorming à tous les membres de l'équipe, jamais à un individu en particulier.

Les autres bénéfices du brainstorming

En plus de favoriser l'émergence de solutions créatives sur mesure, le brainstorming offre d'autres avantages. Il permet :

* le renforcement des liens interprofessionnels et de la coopération au sein d'un groupe, car tous les membres de l'équipe ont le sentiment d'être pleinement intégrés dans une entreprise (le « team building ») ;
* la stimulation de la réflexion et la créativité de chaque employé ;
* l'échange de savoirs et le partage de compétences ;
* l'efficacité professionnelle ;
* l'affirmation de soi au sein d'un groupe.

TOP CONSEILS

- **Soyez structuré** : créez une fiche récapitulative reprenant toutes les étapes de votre réunion et la durée allouée à chacune d'elles. Toutes ces informations apparaîtront dans l'introduction de la réunion.
- **Répétez votre introduction chez vous** : un manque de structure entamera votre crédibilité et enverra un message négatif au groupe. Dans le même ordre d'idées, faites le tour de la salle de réunion la veille pour vous assurer que tout est en ordre.
- **Montrez la voie de l'optimisme à votre groupe** : un brainstorming est un échange interpersonnel, qui fonctionnera d'autant mieux si l'ambiance est bonne. Il suffit parfois de quelques mots ou d'un sourire pour favoriser une discussion.
- **Soyez vous-même créatif dans la mise en place du brainstorming** : si vous travaillez plusieurs fois avec un même groupe, variez vos méthodes et vos supports, vous éviterez les routines créatives. N'hésitez pas non plus à combiner plusieurs méthodes pendant une même réunion.
- **Restez intransigeant** : les débats de fond ne sont ouverts que dans la phase d'analyse. Attention donc, car les participants seront tentés de discuter des aspects pratiques de certaines idées proposées lors de la collecte.
- **Rédigez un compte-rendu et conservez bien toutes les traces de vos réunions** : elles vous serviront plus tard pour développer de nouvelles idées.
- **Transformez la séance collective en team building** : le brainstorming est un moment de travail ludique. Il permet de créer des liens entre les employés de votre entreprise. Encouragez-les à se revoir en dehors de cette réunion. Pourquoi ne pas organiser un verre entre collègues pour fêter l'objectif atteint ?

- **Intégrez le brainstorming à la culture de l'entreprise** : encouragez les participants à échanger leurs idées quand ils prennent un café par exemple. Les conditions ne seront pas toujours optimales, mais la créativité sera toujours stimulée.
- **Gardez à l'esprit que le brainstorming est un outil parmi d'autres** : en l'insérant dans une méthode structurée, vous le rendrez encore plus puissant. Il s'inscrit dans ce qu'on nomme aujourd'hui le « management de la créativité », celui-ci regroupe tous les outils favorisant la création en entreprise.

FAQ

PUIS-JE ORGANISER UN BRAINSTORMING SANS ANIMATEUR ?

À moins que tous les membres du groupe ne se connaissent par cœur et soient très expérimentés en la matière, non. L'animateur est au cœur du brainstorming, il joue le rôle de chef d'orchestre. Il est une forme d'autorité indispensable, par rapport à la forme (et non par rapport au fond).

PUIS-JE PARTICIPER AU BRAINSTORMING ALORS QUE JE SUIS ANIMATEUR ?

Ce double rôle est déconseillé, pour la simple et bonne raison qu'un animateur a besoin d'un certain recul. De plus, la question de la neutralité se pose, particulièrement dans un groupe que vous ne connaissez pas : vos interventions peuvent être perçues comme la mise en avant de vos idées personnelles.

QUELLE EST LA DURÉE IDÉALE POUR UNE RÉUNION DE BRAINSTORMING ?

Cette durée dépend de nombreux facteurs comme le sujet à traiter, le nombre de participants, etc. Le plus important est de veiller à bien scinder les phases : comptez entre 15 et 30 minutes pour l'installation du groupe et l'introduction. Ensuite, la phase créative est toujours plus courte que le traitement des idées. La durée idéale d'un brainstorming est comprise entre deux et trois heures. En deçà, vous serez dans la précipitation et au-delà, l'attention du groupe fléchira. Respectez la formule : temps d'introduction + collecte d'idées ≤ temps d'analyse.

QUEL EST LE NOMBRE DE PARTICIPANTS IDÉAL ?

Il se situe entre cinq et huit. En dessous de cette fourchette, la discussion risque de manquer de richesse ; au-dessus, le groupe deviendra difficile à gérer. Entre neuf et vingt personnes, organisez des brainstormings parallèles entre plusieurs groupes, et ponctuez-le d'une mise en commun. Au-delà de 20, tournez-vous vers des techniques d'animation de grands groupes, telles que le « Philippe 6 × 6 ». Vous pouvez toutefois organiser un brainstorming parallèle entre plusieurs groupes, ponctué d'une mise en commun.

PUIS-JE FAIRE UN BRAINSTORMING À DISTANCE ?

Tout à fait. Le développement des technologies de la communication a favorisé son émergence. Il met en contact des personnes éloignées géographiquement, mais travaillant dans une même multinationale par exemple. Le brainstorming à distance peut prendre deux formes :

- celle d'un brainstorming par vidéoconférence. Le groupe discute en temps réel, via des logiciels de conversations à distance ;
- le brainstorming par application de type « wiki ». Les échanges se font par écrit, via une plateforme commune. Dans ce cas, la collecte d'idées et l'analyse ne se déroulent pas nécessairement en temps réel : chacun peut réagir sur une plus longue durée.

QUE FAIRE SI PERSONNE N'ALIMENTE LA DISCUSSION ?

En début de réunion, il est peu probable que personne n'ait d'idées : c'est sûrement que personne n'ose ou ne veut s'exprimer. Dans le premier cas, cela peut être dû à une gêne. Pour y remédier, tentez de briser la glace. Si, par contre, personne ne veut prendre la parole, le problème est plus grave : est-ce un conflit interpersonnel ? Une mauvaise ambiance ? Il faut identifier ce problème et le résoudre immédiatement.

En cours de réunion, vous pouvez être confronté à des moments de creux. Dans ce cas, le rôle de l'animateur est de stimuler le groupe. Voici plusieurs solutions :

* revenir à la question de départ ;
* relire les idées déjà émises et demander éventuellement des précisions à leur sujet ;
* partir d'une documentation externe (recherches sur Internet, documents audiovisuels, avis de clients, etc.) ;
* changer de méthode.

EST-IL POSSIBLE DE SURMONTER DES CONFLITS PERSONNELS AVEC LE BRAINSTORMING ?

Le brainstorming favorise la cohésion et peut permettre à des personnes de se découvrir des affinités. Néanmoins, il ne s'agit pas d'une méthode de résolution de conflits à proprement parler. Si deux personnes éprouvent une aversion l'une envers l'autre, il vaut mieux percer l'abcès avant la réunion, via une médiation.

LE BRAINSTORMING EST-IL ADAPTÉ À TOUTES LES SITUATIONS ?

Il fonctionne dans presque toutes les situations, mais se révèle inefficace dans certains cas. Lorsque les individus sont trop éloignés dans la hiérarchie (dans les grandes entreprises par exemple), ils peuvent éprouver des réticences à s'ouvrir complètement. Certaines méthodes de brainstorming ne sont pas adaptées à tous les contextes : le jeu de rôle, par exemple, requiert un état d'esprit adéquat. Si vous ne connaissez pas bien le groupe, évitez, dans un premier temps, les méthodes trop originales.

VAUT-IL MIEUX RÉFLÉCHIR SEUL OU EN ÉQUIPE ?

Dans le cadre de l'innovation en groupe, la question est légitime, car les sons de cloche diffèrent en fonction des spécialistes. Certaines études, répertoriées dans l'ouvrage de Valentine Galtier et Éva Delacroix intitulé *Le groupe est-il plus créatif que l'individu isolé ? Le cas du brainstorming : 1953-2003, cinquante ans de recherche*, affirment par exemple que réfléchir seul est plus efficace et mène à plus de solutions originales. Seul, vous seriez moins distrait et vous ne perdriez pas de temps dans des discussions parfois hors sujets. Or, pour d'autres, c'est précisément de l'échange d'idées que provient la richesse du brainstorming : rebondir sur les idées des autres est l'une des quatre règles fondamentales. Finalement, rien ne vous empêche de lier les avantages du travail en solo et en équipe en organisant ces deux phases dans votre réunion !

À VOUS DE JOUER !

À chaque situation sa méthode pour collecter les idées !

Les différentes méthodes de brainstorming

Méthodes	Déroulement de l'animation	Nombre de participants	Durée
Les Post-it	Les participants notent leurs idées sur des Post-it et les collent sur un mur. Dans un premier temps, laissez-les réfléchir et organiser leurs papiers, en silence, dans le temps imparti. Ensuite, prenez le temps de lire toutes les propositions émises, avant de passer à l'expression spontanée. Cette méthode, très ludique, est l'une des plus appréciées. Elle permet de regrouper visuellement des idées en déplaçant les Post-it, et facilite le tri. Pour préparer la phase d'analyse, proposez aux participants de ranger toutes les idées par thématiques.	3 à 8 personnes	20 à 30 minutes pour la prise de notes sur Post-it puis 30 minutes d'expression spontanée
Le jeu de rôle	Il existe plusieurs variantes, mais le principe est le suivant : les participants adoptent un rôle et une façon de penser qui n'est pas la leur. D'une manière moins poussée, vous pouvez simplement poser la question : « Que ferait telle entreprise, telle personnalité, tel client face à cette situation ? » Vous pouvez également vous contentez de changer un aspect de la personne : son âge, sa nationalité, etc. Cette méthode nécessite un certain état d'esprit dans le groupe, sous peine de tourner à la rigolade. Certaines personnes n'apprécient pas cette technique qu'elle trouvent un peu théâtrale.	3 à 8 personnes	10 minutes de mise en place puis entre 20 et 50 minutes d'animation

Méthodes	Déroulement de l'animation	Nombre de participants	Durée
La pensée inverse	Le principe est de penser à l'envers en inversant la question. Plutôt que de se demander « comment répondre aux attentes de mes clients », demandez-vous « comment ne pas répondre à leurs attentes ? ». Il suffira alors d'inverser ces idées négatives pour qu'elles deviennent positives ! Absurde de prime abord, cette méthode est très rafraîchissante.	2 à 8 personnes	20 à 30 minutes
Le brainwriting 6-3-5	Cette méthode tire son nom de ses principes : 6 personnes écrivent chacune 3 idées sur une feuille vierge. Après 5 minutes, les notes sont transmises au voisin, et le cycle reprend : 5 minutes pour écrire 3 idées, mais cette fois-ci en rebondissant sur les idées déjà écrites sur la feuille. Dans la pratique, vous pouvez modifier les paramètres du brainwriting, ajouter des participants, augmenter le temps de réflexion, etc. Bien que bridant un peu la spontanéité, cette méthode est très efficace avec un groupe qui a du mal à s'exprimer oralement.	4 à 8 personnes	20 à 40 minutes
La carte heuristique (ou mind map)	L'objectif est d'établir un lien visuel et sémantique entre le problème et les solutions proposées. C'est une forme de « structuration créative ». La question centrale est placée au centre du document. Les idées proposées viennent s'y greffer et sont agencées au fur et à mesure par catégories. Aujourd'hui, le mind mapping est généralement réalisé à l'aide de logiciels, dont certains sont gratuits (MindMap, Xmind, FreeMind, etc.).	3 à 8 personnes	30 à 50 minutes

POUR ALLER PLUS LOIN

SOURCES BIBLIOGRAPHIQUES

- BACHELET (Rémi), « Animer un brainstorming », in *Gestion de projet*, juillet 2012, consulté le 5 août 2015.
  http://gestiondeprojet.pm/animer-un-brainstorming/
- BRABANDÈRE (Luc de), *Le management des idées. De la créativité à l'innovation*, 2e édition, Paris, Dunod, 2004.
- DECENZO (David), GABILLIET (Philippe) et ROBBINS (Stephens), *Management. L'essentiel des concepts et des pratiques*, Paris, Pearson Education, 2008.
- DELACROIX (Eva) et GALTIER (Valentine), « Le groupe est-il plus créatif que l'individu isolé ? Le cas du brainstorming : 1953-2003, cinquante ans de recherche », in *Management & Avenir*, février 2005, p. 71-86, consulté le 5 août 2015.
  http://www.cairn.info/revue-management-et-avenir-2005-2-page-71.htm
- MACCIO (Charles), *Des réunions plus efficaces*, Lyon, Chroniques sociales, 1995.
- MCCURDY (Robina), *Faire ensemble. Outils participatifs pour le collectif*, Corcelle, Passerelle Éco, 2013.
- OSBORN (Alex), *L'Imagination constructive. Comment tirer parti de ses idées. Principes et processus de la pensée créative et du brainstorming*, 2e édition, Paris, Dunod, 1964.
- SOREZ (Hélène), *Pour conduire une réunion*, Paris, Éditions Hatier, 1977.

SOURCES COMPLÉMENTAIRES

- Benoit-Cervantes (Géraldine), *La boîte à outils de l'innovation*, Paris, Dunod, 2008.
- Cahn (Nathalie) et Izard (Isabelle), *Brainstorming box. Comment inventer en groupe de très bonnes idées*, Paris, Eyrolles, 2012.
- Carrier (Camille) et Gélinas (Sylvie), *Créativité et gestion. Les idées au service de l'innovation*, Québec, Presse de l'Université du Québec, 2010.
- Demory (Bernard) et Guillot (Danielle), *Pour des réunions efficaces et dynamiques – 164 exercices, techniques et jeux d'animation créative*, Paris, Éditions du Puits Fleuri, 1997.
- Gillet (Médéric) et De Maillard (Thibault), *Animer une séance de créativité. Comment animer une réunion créative*, Paris, Dunot, 2012.
- Isaksen (Scott), Dorval (Brian) et Treffinger (Donald), *Résoudre les problèmes par la créativité. La méthode CPS*, Paris, Éditions d'Organisation, 2003.
- McDermot (Robin E.), Mikulak (Raymond J.) et Beauregard (Michael R.), *Développer l'initiative et la créativité du personnel*, Paris, Dunod, 1996.
- Swiners (Jean-Louis) et Briet (Jean-Michel), *L'intelligence créative au-delà du brainstorming*, Paris, Éditions Maxima, 2004.
- Wolfe (Olwen), *J'innove comme on respire... ou comment faire vivre notre capacité d'innovation. Une nouvelle approche du « Creative Problem Solving » de Parnes et Osborn*, Paris, Éditions du Palio, 2007.

www.50minutes.com

Éditeur responsable : Lemaitre Publishing
Rue Lemaitre 6 | BE-5000 Namur
info@lemaitre-editions.com

ISBN ebook : 978-2-8062-6475-6
ISBN papier : 978-2-8062-6485-5
Dépôt légal : D/2015/12603/226
Photo de couverture : © master1305

Conception numérique : Primento,
le partenaire numérique des éditeurs